PÉTITION

AUX DEUX CHAMBRES,

RELATIVE

A Mme LA DUCHESSE DE BERRY;

PAR

M. LE COMTE DE TOCQUEVILLE.

Paris,

DENTU, LIBRAIRE,

PALAIS-ROYAL.

—

1832

PARIS, IMPRIMERIE DE DECOURCHANT,

RUE D'ERFURTH, N° 1, PRÈS DE L'ABBAYE.

A MESSIEURS

LES MEMBRES

DES DEUX CHAMBRES.

Messieurs,

Une Princesse, dont l'esprit tout français comprenait les opinions et les besoins de son siècle; qui avait su se rendre populaire; qu'on plaignait comme veuve, qu'on avait admirée comme mère, est retenue aujourd'hui dans les prisons de ce même peuple qui naguère sympathisait avec elle.

Après avoir mis la main sur une royale prisonnière, le Gouvernement annonce l'intention de créer pour elle seule une juridiction exceptionnelle. Afin de l'atteindre plus sûrement, il s'expose à violer et les lois de la justice, que toutes les nations révèrent, et les lois constitutives de l'ordre nouveau, que lui-même avait juré de respecter.

Mais, pour mettre son dessein à exécution, il a besoin de votre concours, Messieurs, et ce concours lui manquera. La raison publique s'est trop mûrie au milieu des orages d'un demi-siècle pour qu'il soit possible de la surprendre. Quelles que soient, d'ailleurs, les haines qui déchirent notre malheureux pays, l'élévation du cœur nous reste, et on ne peut manquer de la retrouver dans une assemblée française.

On vous propose de juger Mme la duchesse de Berry. Mais, qui êtes-vous, Messieurs, pour décider de son sort ? Sur les bancs des deux Chambres je rencontre plutôt des ennemis que des juges.

Ne sont-ce donc pas les Pairs et les Députés qui, seuls, au mois d'août 1830, ont déclaré la branche aînée déchue du trône ? qui ont ôté au fils de la duchesse de Berry la couronne, et qui, l'ayant exilé ainsi que sa mère, ont engagé toute leur responsabilité et tout leur avenir dans la durée de l'ordre actuel ?

Au nombre des Députés je vois des hommes qui, sous la Restauration même, se sont montrés les ennemis de la famille des Bourbons ; d'autres ont hautement déclaré que depuis quinze ans ils soupiraient en secret pour le renversement de leur trône ; d'autres enfin, il n'y a pas un an encore, voulaient qu'on prononçât la peine de mort contre tout membre de la branche aînée qui rentrerait sur le sol de ses pères. Et c'est en

France qu'a été arrêtée la Princesse qu'on voudrait leur faire juger. On l'accuse, non pas seulement d'être venue fouler le sol natal, crime qui, suivant eux, eût seul mérité la mort, mais d'avoir fomenté la guerre civile. La Chambre, d'ailleurs, n'est-elle point élue par des colléges dont une loi, rendue au nom de la souveraineté du peuple, a forcé un grand nombre d'électeurs à s'écarter? Ces hommes, que la législation a placés entre leurs devoirs de citoyens et leur conscience, ce sont les amis de la famille de l'accusée. Députés qui représentez ses ennemis, pourriez-vous consentir à la juger?

Dans la Chambre des Pairs plus de cent quarante siéges étaient naguère vacans. A la place de ces juges, que la révolution de juillet a récusés d'avance comme favorables à la famille des Bourbons, siégent aujourd'hui, non point seulement des hommes qui s'étaient déclaré ses ennemis, mais encore des juges désignés et choisis par le pouvoir, adversaire naturel de la Princesse.

Lorsque l'auteur d'un vol obscur est traduit devant nos tribunaux, la loi le prend aussitôt sous sa sauve-garde; elle a soin d'écarter du banc des jurés jusqu'aux *indifférens* qui ont exprimé leur opinion d'avance. Quelque juste intérêt que le plaignant doit exciter, on redoute son influence; il suffit qu'on soit son parent ou son ami, pour que le législateur permette qu'on vous récuse ; et s'il se présentait un seul homme qui proposât de faire choisir par l'accusateur les juges qui doivent prononcer, il n'y aurait pas contre lui assez d'anathêmes. J'ignore, Messieurs, par quel effort de logique ces lois protectrices de l'obscur malfaiteur seraient inaplicables à la fille des rois ; et je ne saurais concevoir qu'on enlevât à une accusée les garanties les plus sacrées, par la seule raison que le sang des Bourbons coule dans ses veines, qu'elle est née sur les marches du trône, et que le pouvoir, qui se plaint et la poursuit, occupe en ce moment la place qu'elle croyait appartenir à son jeune fils. Dans un siècle d'égalité, sont-ce donc là, Messieurs, les nouveaux priviléges que la monarchie de juillet accorde aux têtes royales ?

Que vous engage-t-on aujourd'hui à faire, Messieurs ? le Gouvernement n'ose prononcer le mot, mais chacun le devine ; on vous propose, à vous corps législatif, de rendre un *jugement*. Je sais que pour colorer ce qu'il y a de monstrueux dans un pareil système, on ne manquera pas de vouloir vous faire entendre qu'il s'agit ici, non d'un acte judiciaire, mais d'une mesure politique. Je ne saurais croire que chez un peuple intelligent et dans un siècle éclairé comme le nôtre, on puisse espérer réussir à l'aide d'un pareil abus du langage. On vous charge de statuer sur le sort d'une personne qu'on accuse devant vous d'avoir attenté à la sûreté de l'État; on réclame de vous une décision en vertu de laquelle le pouvoir ait le droit de la retenir en prison, et cette décision ne s'appellera point un *jugement?* Une assemblée arrachera un accusé à sa famille, lui ôtera la liberté, le privera des droits les plus chers à l'humanité, et en agissant ainsi elle ne *jugera pas?* Et à la place du nom que lui impose la nature des choses, on donnera à votre arrêt je ne sais quelle vague appellation qui peut s'appliquer à tout, on l'appellera une mesure politique. Et sans doute, Messieurs, ce sera une mesure politique. La condamnation de Louis XVI était aussi une mesure politique; et nul cependant, que je sache, n'a jamais nié qu'en la prononçant, la Convention n'eût pas *jugé.*

On voudra peut-être vous faire déclarer que la duchesse de Berry doit être considérée comme un chef étranger, comme un général ennemi que le sort de la guerre aurait fait tomber entre nos mains et que les lois de la guerre permettent de retenir prisonnier : c'est encore là, Messieurs, un révoltant abus des mots.

On considère la duchesse de Berry comme un chef étranger. Mais la duchesse de Berry est française, française d'origine, française par alliance. Les lois qui ont banni sa famille du territoire du royaume n'ont ôté à aucun de ses membres le titre qu'ils tenaient de leur naissance.

On veut assimiler la duchesse de Berry à un chef d'armée. Mais à la tête de quelle armée l'a-t-on vue paraître? quels ennemis de la France a-t-elle commandés?

On veut voir en elle une prisonnière de guerre. Est-ce donc sur un champ de bataille ou à la suite d'une victoire, qu'on s'est emparé de sa personne?

Pour qu'il y ait chef de guerre, il faut assurément qu'il y ait eu guerre. Or, dans la Vendée, on a vu des bandes, produit inévitable de l'agitation de la contrée, mais on n'a pas vu d'armée. Il y a eu désordre, mais il n'y a pas eu guerre.

On voulait la faire, dites-vous? Qui vous l'assure? Ce qu'il y a de certain, c'est qu'elle n'a pas eu lieu; ce qui n'est pas moins prouvé encore, c'est que la Princesse a fait tous ses efforts pour l'empêcher. Un fait incontestable, c'est qu'un ordre émané de sa main a enjoint à ses amis, aussitôt après son arrivée dans la Vendée, de ne pas prendre les armes.

Mais si, contre l'évidence des faits, on prétend qu'il y a eu guerre, à coup sûr c'est de la guerre civile qu'on veut parler. Alors soyez donc du moins conséquens avec vous-mêmes.

Si la duchesse de Berry, saisie sur le territoire français, est pour le Gouvernement un chef étranger, les hommes qu'on prétend avoir marché sous son étendard doivent être assimilés à des soldats étrangers; et lorsqu'on les prend les armes à la main, il faut les garder comme des prisonniers de guerre. Cependant tous les jours on les juge comme rebelles. Les réfractaires de la Vendée seront des *insurgés*, et celle qu'on accuse d'avoir été leur chef serait considérée comme le général d'une puissance étrangère et indépendante de la France!

A ce compte, Messieurs, il n'y aurait point de guerre civile dont on ne pût retenir les prétendus fauteurs sans jugement, point de chef rebelle dont on ne pût confisquer la liberté; bien plus, il n'y aurait pas d'homme éminent qu'on ne pût au besoin considérer comme le moteur secret d'une insurrection, et qui, à ce titre, ne dût craindre de se voir enlever à ses juges naturels et aux garanties de la loi.

Vous ferez justice, Messieurs, de ces subtilités meurtrières.

Vous apprécierez nettement ce qu'on vous demande. Vous verrez que c'est un grand accusé politique sur le sort duquel on veut que vous prononciez; que ce qu'on vous propose n'est autre chose et ne peut être autre chose qu'un jugement.

Or, je ne puis assez m'étonner que ce soit dé notre temps et à vous qu'on osé faire une semblable proposition.

Ce serait en vérité remplir une tâche oiseuse, Messieurs, que de chercher à démontrer les dangers qui se rencontrent lorsqu'on veut réunir dans les mêmes mains les pouvoirs législatifs et judiciaires. La division des pouvoirs est la grande conquête des temps modernes. Mais quand même la science politique serait encore parmi nous dans son enfance, quand le passé ne parlerait pas si haut, pourriez-vous consentir à ce qu'on vous demande? Vous qui faites les lois, ne devez-vous pas donner l'exemple d'y obéir? Or, qu'on me montre dans notre législation entière, un article, une phrase, un seul mot dont l'interprétation, quelque large qu'on la suppose, parût justifier une pareille procédure? Je lis dans l'article 54 de la Charte de 1830, qu'on ne pourra sous aucun prétexte rétablir des tribunaux exceptionnels, et c'est sous l'empire de cette Charte qu'on vient vous proposer de rétablir aujourd'hui, non pas un tribunal exceptionnel, mais un tribunal *législatif*, et, puisqu'il faut dire le mot, une juridiction révolutionnaire! Et, pour y parvenir, c'est à vous, Messieurs, qu'on s'adresse, à vous qui luttez péniblement depuis deux ans pour étouffer le germe des révolutions que développe le principe même des institutions nouvelles; c'est au nom de la légalité qu'on réclame hautement de vous une mesure contraire à notre droit politique comme à toutes nos lois écrites ; c'est sous une administration qui se prétend essentiellement monarchique, qu'on met en avant une idée qui semble sortir de cette école de despotisme et d'anarchie qu'on a appelée la République française.

Prenez-y bien garde, Messieurs, ce n'est point seulement des intérêts de Mme la duchesse de Berry qu'il s'agit ici, mais de ceux plus sacrés encore de notre patrie. Quelque pressans que vous paraissent les besoins du moment, vous tremblerez de fournir un *précédent* funeste; il ne vous échappera pas qu'après avoir fait juger une princesse par un corps politique, on ne peut manquer de descendre à des coupables ordinaires; ce pas une fois franchi, tout deviendra justiciable de votre tribunal; à chaque accusation politique on appliquera, non des jugemens qui condamnent, mais des mesures législatives qui ôtent la liberté ou la vie. Un pouvoir immense, indéfini, meurtrier pour lui-même, sera remis par vous dans les mains des partis. Est-ce donc aujourd'hui qu'il est nécessaire de rappeler que la Convention a fait monter sur l'échafaud les plus célèbres des régicides? Le jugement de la duchesse de Berry est le premier pas vers la dictature populaire, et vous refuserez de le faire. Un jour viendra, Messieurs, où le pouvoir lui-même vous remerciera de lui avoir résisté.

En vérité, je ne puis croire que le Gouvernement, en ôtant le procès de la duchesse de Berry à ses juges naturels pour vous le renvoyer, ait pu penser que vous accepteriez le nouveau mandat qu'il vous défère. Ce sont de tristes fonctions, Messieurs, que celles de juges; ce n'est point surtout une tâche légère que de prononcer sur le sort d'une royale accusée, dont la famille a régné sur nos pères; que nous avons saluée nous-mêmes jadis de nos acclamations; qu'on peut haïr aujourd'hui comme ennemie; mais qu'on ne saurait s'empêcher d'admirer et d'excuser comme mère. Pour se déterminer à ce pénible rôle, il ne faut rien moins que la force de la nécessité ou celle du devoir : or, on n'a pas pu croire, Messieurs, que vous voudriez accepter cette tâche ni assumer volontairement sur vous cette responsabilité redoutable, lorsque votre position spéciale, l'équité, vos propres lois, et, plus que tout, le salut du pays vous imposait de vous abstenir.

Peut-être aura-t-on l'impudeur de citer l'exemple de l'Angleterre, peut-être vous parlera-t-on de ces bills d'*attainder* que l'exécration de la postérité a si justement flétris. Oui, Messieurs, il fut un temps, et je ne sais quel cruel ennemi de la révolution de juillet pourrait y comparer le nôtre, il fut un temps en Angleterre où l'on condamnait les accusés par mesure politique, et où les législateurs versaient à grands flots le sang de leurs adversaires; mais la Constitution donnait au moins l'apparence d'un droit établi à ces monstrueuses procédures.

On veut que vous condamniez la duchesse de

(15)

Berry par une *loi*. Avez-vous bien compris, Messieurs, le véritable sens de cette requête? On ose vous demander à vous, assemblée française; à vous représentans et gardiens de l'ordre légal, de juger un accusé sans avoir recueilli les témoignages de son crime et sans lui avoir donné l'appui d'un conseil; on veut que vous condamniez *sans entendre*. Sans entendre! Messieurs, sentez-vous la valeur de ce seul mot? Que le pouvoir vous propose un pareil abus de la force, ses embarras l'expliquent; ce sont d'ailleurs de ces énormités qu'on conseille aux autres et qu'on n'oserait pas se permettre soi-même : mais comment a-t-on pu espérer vous associer à une semblable mesure? Comment penser que vous, qu'on revêt du caractère de juges et qu'un égal intérêt n'aveugle pas, vous voudrez signaler de cette manière vos noms à la postérité?

Ah, Messieurs! durant le règne de la Terreur, qui nous a laissé des précédens pour tant de crimes, on feignait du moins de respecter la défense.

Mais si vous ne pouvez juger la duchesse de Berry, qui la jugera donc? Ici, Messieurs, je me sens d'autant plus libre d'exprimer ma pensée, que, parlant sans mandat, je ne représente que moi-même.

Suivant moi, il n'existe pas, dans l'état actuel de notre législation pénale, une seule disposition qui soit applicable à Mme la duchesse de Berry (1) ; et lors même qu'il en existerait, Mme la duchesse de Berry ne me paraît justiciable que de la France entière jugeant, non par représentant, mais par elle-même : ce n'est que devant ce jury national que la mère du duc de Bordeaux devrait être appelée à plaider sa cause ; mais en l'absence de tous les Français auxquels elle voudrait faire entendre sa voix, la duchesse de Berry devrait désirer du moins, ce me semble, un tribunal image de la grande société, devant laquelle on ne la laisserait pas paraître. Si la duchesse de Berry accepte des juges en France, ce ne peut être que des Français choisis par le sort au sein de la grande famille.

Je sais qu'on ne manquera pas de faire observer qu'un pareil jugement porterait atteinte à la majesté du trône. Eh quoi ! une accusée, malgré sa haute origine, pourra être traduite devant des juges choisis par ses accusateurs ou ennemis déclarés de sa famille ! on pourra la juger sans témoins, sans conseil, sans qu'il lui soit permis d'élever la voix ! et quand elle réclamera les priviléges de la loi commune, lorsqu'elle demandera des *juges impartiaux* et prêts à l'écouter, on se souviendra tout-à-coup que le sang d'Henri IV

(1) La seule loi qui ait prévu le retour des Bourbons en France est celle du 10 avril 1831, et cette loi ne porte point de pénalité.

coule dans ses veines, et au nom des égards qui lui sont dus, on la privera des garanties les plus sacrées !

Ceux qui croient d'ailleurs qu'une princesse ne peut paraître devant une cour d'assises sans que la dignité royale se trouve compromise, ceux-là me paraissent méconnaître l'esprit de leur temps.

Dans tous les siècles on a vu le hasard élever des trônes, mais le mérite seul les a fondés. De nos jours surtout on peut dire que la force de la royauté est attachée à l'homme et non à la couronne. Si quelque chose peut maintenir aujourd'hui les rois à la tête des nations, c'est l'élévation de l'âme, la grandeur du courage et la générosité du cœur. C'est là le principe de leur puissance, ils le chercheraient vainement dans des respects officiels et d'hypocrites déférences.

Si la cause de la duchesse de Berry est deshonorante pour les trônes, elle sera telle devant les premiers pouvoirs de l'État ; si, au contraire, sa défense est de nature à honorer les races royales, et à les élever dans l'estime des peuples, elle ne paraîtrait que plus grande encore dans l'enceinte d'une juridiction vulgaire ; ou plutôt la duchesse de Berry sera là ce qu'elle aurait été partout ailleurs : c'est le fait et non le lieu qui décidera si de son procès doit rejaillir sur les couronnes de la honte ou de la gloire.

Devant ces douze Français inconnus et qui

pourtant représentent la France, la duchesse de Berry pourrait exposer les motifs qui l'ont fait agir. C'est là qu'elle dirait sans doute qu'au moment où elle a conçu le hardi dessein de s'aventurer sur notre sol, il lui paraissait que l'avenir tout entier de la France était en péril; que, redoutant pour notre pays une de ces crises violentes qui livrent les nations sans défense aux étrangers, elle a voulu être en état de créer tout-à-coup une France monarchique pour l'opposer aux rois de l'Europe, et défendre l'intégrité de notre territoire au nom du même principe qui servait de prétexte à nos ennemis. C'est là qu'elle prouverait que les tentatives de guerre civile ont eu lieu malgré elle, et que c'est d'elle, au contraire, qu'est parti l'ordre qui a fait déposer les armes.

Messieurs, celui qui s'adresse aujourd'hui à vous fut assez heureux jadis pour partager la glorieuse prison de M. Malesherbes, dont il avait épousé la fille; témoin des douleurs de ce noble vieillard, il n'a point appris depuis à devenir insensible aux infortunes royales. Cette alliance, qui fit l'honneur de sa vie, il eût craint de s'en prévaloir lorsque les légitimes descendans de nos rois étaient sur le trône; on lui pardonnera peut-être de s'en souvenir lorsqu'après quarante ans une héroïque fille des Bourbons se trouve de nouveau dans les fers.

www.ingramcontent.com/pod-product-compliance
Lightning Source LLC
LaVergne TN
LVHW050305030726
842520LV00006B/2588